ANIMALES
con
SUPERPODERES

LIBSA

© 2021, Editorial Libsa
C/ San Rafael, 4 bis, local 18
28108 Alcobendas (Madrid)
Tel.: (34) 91 657 25 80
e-mail: libsa@libsa.es
www.libsa.es

ISBN: 978-84-662-4019-2

Textos: Ángel Luis León Panal
Maquetación: Equipo Editorial Libsa
Fotografías e ilustraciones: Shutterstock
Images, Gettyimages y archivo Libsa.

DL: M-6387-2021

CONTENIDO

SUPERPODERES
para sobrevivir

En el mundo hay más de 1,5 millones de especies de animales, aunque pueden ser muchísimas más. Para sobrevivir a los peligros que existen en la naturaleza, algunos animales tienen superpoderes increíbles. En las siguientes páginas vamos a revelar los secretos de estos fantásticos animales. ¡Debes estar alerta con todos los sentidos para no perderte ninguno!

Cuando los depredadores acechan, algunos animales son capaces de correr muy rápido o salir volando para huir de los carnívoros. ¡También existen especies que pueden trepar y andar por las paredes! Otros tienen cuernos, pinchos afilados o pinzas que pellizcan para defenderse, así quienes quieran comérselos se lo pensarán dos veces antes de atacarles. Además, muchos logran pasar desapercibidos gracias a sus trajes de camuflaje, que les ayudan a ocultarse en el entorno.

Pero los carnívoros también tienen superpoderes que les sirven para cazar. Muchos de ellos son muy hábiles y veloces, además de estar armados con garras y dientes muy afilados. Algunos tienen supervisión para ver mejor que nadie en los ambientes donde viven. Así no se les escapa ningún detalle. ¡Además cuentan con sentidos extras! ¿Sabías que las serpientes pueden sentir el calor de sus presas? ¿Para qué usan la ecolocalización los murciélagos y delfines? ¿Existen peces eléctricos? En este libro te contaremos cuál es el secreto de los **superpoderes de los depredadores.**

En la naturaleza también existen animales que están armados con dientes, aguijones o tentáculos para inyectar veneno. ¡Incluso hay especies con piel tóxica! Este superpoder les sirve para defenderse o cazar a sus presas. Algunos de ellos usan un traje brillante para avisar de su peligrosidad, otros prefieren ocultarse o huir antes que usar su superpoder. ¿Sabes cuáles son los más venenosos? Nos acercaremos con cuidado para conocer sus secretos.

Durante mucho tiempo se pensó que los humanos éramos los únicos animales capaces de producir herramientas. ¡Pero no estamos solos! A lo largo de la Tierra existen especies increíbles capaces de aprender soluciones ingeniosas para sobrevivir en la naturaleza. Gracias a sus fantásticos cerebros pueden memorizar información o incluso usar herramientas hechas por ellos mismos. Además, los animales cuentan con muchas formas de comunicarse entre los miembros de su familia. ¿Sabés por qué las ballenas entonan largas canciones?

Gracias a sus superpoderes, las especies logran habitar en las sitios más extraños y duros de la Tierra. Desde las regiones heladas y dominadas por la nieve, hasta los desiertos más calurosos sin ninguna gota de agua. Nuestro planeta está cubierto en su mayoría por mares y océanos. Aquí también existen animales fabulosos, ¡incluso en las oscuras y profundas zonas abisales! A lo largo de millones de años, las especies han adquirido habilidades únicas que les permiten desafiar las condiciones de estos lugares. ¿Sabes cuál es el secreto que esconden las jorobas de los camellos? o ¿por qué muchas especies de peces abisales producen luz? ¡Aquí te contaremos para qué usan sus superpoderes!

Si estos superpoderes te parecen pocos, ¡aún podemos llamar a más animales increíbles! ¿Sabías que el mayor tiburón del planeta no necesita cazar grandes presas? ¿Conoces a los depredadores que usan sus lenguas para oler el ambiente que les rodea? ¿Sabías que hay animales que pueden vivir anclados a una roca o que existen especies capaces de usar la luz del Sol igual que las plantas?

A lo largo del mundo, las científicas y científicos que trabajan estudiando los seres vivos nos proporcionan una información valiosa sobre los superpoderes de los animales. En este libro hemos seleccionado ¡más de 100 especies con increíbles habilidades! Son los mejores en sus ambientes. Incluso dejarían a más de un superhéroe con la boca abierta. De todas ellas, ¿cuáles estarían en tu equipo para salvar el mundo?

Supervelocidad
terrestre

Muchos animales terrestres pueden correr muy rápido para huir de los depredadores que les acechan. Pero los carnívoros también están adaptados para ser rápidos y alcanzar a sus presas.

El cuerpo del guepardo está adaptado para la velocidad.

Tiene patas alargadas y delgadas, así como una cola larga para mantener el equilibrio.

¿DÓNDE ESTOY?

El insecto terrestre más rápido del mundo es el **escarabajo tigre australiano** (*Cicindela hudsoni*). Es capaz de correr a ¡9 km/h! Va tan rápido que debe detenerse para ver bien por dónde camina.

¡NO ME ATRAPARÁS!

Las **gacelas** deben correr muy rápido para escapar de los depredadores como el guepardo. La gacela de Thomson es capaz de correr a una velocidad ¡superior a 80 km/h!

SABÍAS QUE...

Las avestruces *(Struthio camelus)* solo tienen dos dedos en cada pie que les sirven para correr mejor. Además es el único animal con cuatro rótulas, el hueso que está en nuestras rodillas, para proteger sus articulaciones.

EL MÁS RÁPIDO

El **guepardo** *(Acinonyx jubatus)* es el animal terrestre más rápido. Alcanza los ¡128 km/h! Pero no es capaz de aguantar la velocidad mucho tiempo, por eso necesita acechar a sus presas muy de cerca.

¡AL GALOPE!

Durante una carrera en 2008, la **yegua** Winning Brew recorrió 402 m en 20 segundos a ¡una velocidad de 70,76 km/h! ¡La más rápida de su especie hasta el momento! ¿Sabías que las pezuñas de los caballos son en realidad la punta de un dedo? ¡Es como si caminaran de puntillas!

Supervelocidad acuática

En alta mar habitan peces que están adaptados para nadar largas distancias. Para huir o atrapar a sus presas, estos animales nadan rápido y son muy ágiles gracias a sus cuerpos hidrodinámicos.

UN DEPREDADOR VELOZ

El **pez sierra golfina** (*Acanthocybium solandri*) es un gran pez alargado que puede medir más de 2 m. Es un depredador en alta mar. Gracias a su cuerpo hidrodinámico, puede nadar ¡a más de 78 km/h!

MÚSCULOS FUERTES

El **atún rojo** (*Thunnus thynnus*) es un gran pez depredador de otros pequeños animales. Tiene una potente musculatura para recorrer grandes distancias y perseguir a sus presas. Es tan rápido que ¡puede nadar a más de 60 km/h!

ATAQUE ULTRARRÁPIDO

El **pez vela del Atlántico** (*Istiophorus albicans*) nada alrededor de los bancos de peces y sorprende a sus presas con un sprint de ¡más de 100 km/h! Golpea a sus victimas con su morro en forma de espada para separarlas del grupo y así poder capturarlas mejor.

¿PECES QUE PLANEAN?

Cuando el **pez volador del Atlántico** (*Cheilopogon exsiliens*) se siente amenazado, huye a 30 km/h y ¡salta fuera del agua! Gracias a sus aletas especiales puede planear.

El secreto de la velocidad del tiburón mako está en un morro puntiagudo, su forma hidrodinámica y unos fuertes músculos.

SABÍAS QUE...

Algunos peces voladores logran planear distancias de ¡12 m! hasta un sitio más seguro.

DE LOS MÁS RÁPIDOS

El **tiburón mako** (*Isurus oxyrinchus*) es uno de los tiburones más rápidos. ¡Puede nadar a una velocidad de 70 km/h!

¡DEBEMOS PROTEGERLOS!

Muchos de estos fabulosos animales se encuentran amenazados debido a la sobrepesca.

Super mamíferos voladores

Entre los mamíferos existen especies capaces de volar o de planear para desplazarse grandes distancias o huir de los depredadores.

► EL MÁS PEQUEÑO

El **murciélago nariz de cerdo de Kitti** (*Craseonycteris thonglongyai*) vive en Tailandia y es el murciélago más pequeño del mundo. ¡Mide 30 mm de largo y pesa solo 2 g! Debido a su tamaño también se le conoce como murciélago abejorro.

La ardilla voladora del norte puede ¡planear distancias de hasta más de 20 m!

El petauro del azúcar pasa la mayor parte de su vida en los árboles y rara vez baja al suelo.

▲ DE ÁRBOL EN ÁRBOL

La **ardilla voladora del norte** (*Glaucomys sabrinus*) vive en los bosques de Canadá y algunas regiones de Estados Unidos. Puede desplazarse de árbol en árbol planeando gracias a una membrana de piel que tiene entre sus patas. Si un depredador trata de atraparla, ¡le sorprenderá huyendo a otra rama lejana!

SABÍAS QUE...

Todos estos animales surcan el aire porque tienen una membrana de piel elástica y resistente conocida como patagio. Sin embargo, los murciélagos o quirópteros son los únicos mamíferos que realmente pueden volar gracias a sus alas. Las ardillas voladoras y otras especies similares en realidad son planeadoras que usan un sistema parecido al de los paracaídas.

Los animales que comen fruta, como los zorros voladores, se llaman frugívoros.

▲ GRANDES ALAS

El **zorro volador diadema de Filipinas** *(Acerodon jubatus)* es uno de los murciélagos más grandes del mundo. ¡Llega a medir más de 1,5 m de envergadura! Es una especie que se alimenta de frutas.

◄ PEQUEÑOS PLANEADORES

El **petauro del azúcar** *(Petaurus braviceps)* habita en Australia y en Nueva Guinea. Es capaz de desplazarse de un árbol a otro gracias a la piel que tiene entre sus patas. ¡Puede planear a una distancia de 50 m!

Un camuflaje
perfecto

El camuflaje es usado por muchos animales, tanto carnívoros como herbívoros, para ocultarse y pasar desapercibidos.

◀ RAYAS PARA CAMUFLARSE

Los jabatos son las crías del **jabalí** *(Sus scrofa);* tienen un pelaje con colores claros y rayas que les ayuda a camuflarse entre la vegetación. ¡Así evitan a los depredadores!

▼ DISTINTOS TRAJES

La **liebre ártica** *(Lepus articus)* está perfectamente adaptada a la vida en zonas frías. Gracias a su pelaje de color blanco puede camuflarse en la nieve para no ser vista. Pero en verano, cambia de traje y ¡se vuelve de color marrón porque ya no hay nieve!

▲ MAESTROS DEL CAMUFLAJE

Los camaleones pueden cambiar el color de su piel para esconderse entre las hojas y ramas verdes o marrones. Aunque también usan su increíble superpoder para adoptar colores llamativos y así comunicarse entre ellos.

SABÍAS QUE...

Los pulpos *(Octopoda)* pueden cambiar el color y la textura de su piel para camuflarse en el ambiente donde se encuentren. Gracias a esta increíble adaptación logran ocultarse entre las rocas y así pasar desapercibidos o emboscar a sus presas. También usan esta habilidad para comunicarse entre ellos.

▲ OCULTAS ENTRE LAS HOJAS

Las **ranas de cristal** *(Centrolenidae)* son de color verde en la parte superior de su cuerpo, pero sus patas y la parte inferior de su cuerpo son translúcidas. Así se camuflan mejor en la selva.

▲ TAMBIÉN EN EL MAR

Los animales marinos también cuentan con el poder de camuflarse. Si viven en el fondo marino, se disfrazarán con los colores de la arena o las rocas. Cuando viven en alta mar, usan tonos azules o plateados para que no los vean mientras nadan.

▶ ESCONDIDAS EN LAS DUNAS

La **víbora de Peringuey** *(Bitis peringueyi)* es una serpiente de pequeño tamaño que no mide más de 25 cm. Cuando se entierra en la arena para emboscar a sus presas, ¡su color marrón claro le sirve para ocultarse mejor!

Superinteligencia natural

Diversos tipos de animales pueden resolver los problemas que se encuentran en la naturaleza gracias a su inteligencia. Con esta adaptación consiguen memorizar información importante o incluso crear herramientas.

◀ UNAS AVES MUY LISTAS

Gracias a su inteligencia, los **cuervos** pueden usar herramientas o memorizar tareas para conseguir alimento. En algunas ciudades han aprendido a dejar caer nueces en las carreteras ¡para que los coches las rompan y así poder comerlas!

Cuando nieva, a los cuervos jóvenes iles gusta deslizarse por la nieve por diversión!

▶ UNA RAMA COMO BASTÓN

El **gorila occidental** (*Gorilla gorilla*) es un primate herbívoro que vive en algunas selvas de África. Esta especie usa ramas con las que sacar comida de los agujeros. ¡También se les ha observado utilizando una rama como bastón para cruzar un pantano!

◀ SON MUY LISTOS

Algunas poblaciones de **delfines nariz de botella** (*Tursiops truncatus*) han aprendido a usar esponjas marinas para buscar presas enterradas. ¡Se las ponen en la boca y así rebuscan en la arena sin hacerse daño!

MEMORIA DE ELEFANTE

Los **elefantes** son unos de los animales más inteligentes del planeta. Con su larga trompa pueden usar ramas para ¡espantar moscas molestas o rascarse! También son famosos por su gran memoria.

SABÍAS QUE...

Algunos animales saben usar ramas u otros objetos a modo de herramientas. Su inteligencia les permite conseguir alimentos que no podrían obtener usando sus dientes, garras o patas. Por ejemplo, las nutrias marinas pueden comer caracolas o erizos de mar que logran abrir al golpearlos con piedras.

UN PEQUEÑO Y LISTO CARNÍVORO

La **mangosta rayada** *(Mungos mungo)* es un pequeño animal carnívoro que habita en algunas regiones de África. Cuando quiere comer insectos con caparazón duro, huevos de aves o caracoles, puede ¡usar piedras a modo de yunque para golpearlos y abrirlos!

CON MANOS HÁBILES

Gracias a sus hábiles manos y su inteligencia, los **chimpancés** *(Pan troglodytes)* son capaces de modificar palos y otros objetos para crear herramientas muy útiles. Algunos han aprendido a usar ramitas para capturar termitas.

Un sexto sentido increíble

Algunos animales cuentan con sentidos extras que les ayudan a moverse en la oscuridad sin problemas. También los usan para localizar mejor a sus presas. Podemos encontrar este superpoder en mamíferos, aves, reptiles y peces.

▶ UN PEZ CON TROMPA

La boca del **pez nariz de elefante** *(Gnathonemus petersii)* ¡parece una trompa! Con ella produce pequeñas descargas eléctricas que usa para localizar presas pequeñas ocultas entre las plantas o el fango.

◀ DETECTORES DE CALOR

Algunas serpientes, como la **boa esmeralda** *(Corallus caninus)*, tienen una estructura única en sus cabezas conocida como fosetas. Gracias a este órgano ¡son capaces de detectar el calor que emiten sus presas!

▶ ECOLOCALIZACIÓN EN EL AGUA

Los **delfines** son cetáceos que cazan usando la ecolocalización. Con este superpoder emiten ráfagas de sonidos para escuchar el eco producido por los objetos que les rodean. ¡Con este sexto sentido no hay presa que se les escape!

Los murciélagos que comen insectos son capaces de alimentarse en la oscuridad de la noche gracias a la ecolocalización. ¡Esta adaptación funciona como el sonar de un submarino! Así pueden ver sin usar sus ojos, pero en realidad estos animales no son ciegos.

▲ PODERES DE MURCIÉLAGO

El **murciélago orejudo dorado** (*Plecotus auritus*) se alimenta de polillas que están ocultas entre las ramas y hojas de los árboles. ¡Las encuentra gracias a la ecolocalización!

◀ ELECTRIZANTES

La **anguila eléctrica** (*Electrophorus electricus*) es un pez que puede cazar o defenderse al emitir ¡descargas eléctricas de hasta 850 voltios! Esta sorprendente habilidad también les sirve para comunicarse entre ellas.

▶ UNA EXTRAÑA AVE

El **guácharo** o **ave de las cavernas** (*Steatornis caripensis*) es una especie que habita en algunas cuevas de América del Sur. Es un animal nocturno que se alimenta de frutas. ¡Para orientarse en la oscuridad usa la ecolocalización!

17

Brillando en la oscuridad

La bioluminiscencia es la capacidad que tienen muchos animales marinos para cazar, huir de los depredadores o comunicarse entre ellos. Se da sobre todo en especies que viven a grandes profundidades.

▶ UN CAZADOR ABISAL

El **rape abisal** o **diablo negro** *(Melanocetus johnsonii)* vive a grandes profundidades oceánicas donde no llega la luz del sol. Cuando caza, usa un apéndice especial ¡que produce luz para atraer a sus presas! Las engulle gracias a su gran boca y dientes.

Muchos animales, como los peces, son capaces de producir bioluminiscencia gracias a unas bacterias que viven en simbiosis con ellos dentro de órganos especiales.

◀ LINTERNA INTEGRADA

El **pez piña** *(Cleidopus gloriamaris)* habita en aguas costeras de Australia. Es una especie nocturna que ¡usa la bioluminiscencia para iluminar el fondo marino y buscar pequeñas presas! Durante el día, se oculta en cuevas submarinas o entre las rocas.

SABÍAS QUE...

Algunos animales, como los escorpiones, brillan cuando son iluminados con luz ultravioleta. La función de esta adaptación varía según la especie, pudiendo ser usada como una forma de comunicación que es invisible a los ojos humanos. Los científicos aún están estudiando los secretos que esconden estas sorprendentes habilidades.

UNA EXTRAÑA ALMEJA

La **almeja eléctrica** (*Ctenoides ales*) habita en las aguas tropicales de los océanos Índico y Pacífico. El nombre de esta especie se debe a que ¡produce destellos que parecen pequeños rayos! Es capaz de crear esta luz gracias a un tejido especial que refleja la luz ambiental de la misma forma que hacen las bolas de discotecas.

BRILLAN DE NOCHE

Las **luciérnagas** son unos insectos famosos por producir bioluminiscencia. Estos animales usan esta adaptación como una forma de comunicación entre ellos y para atraer a sus parejas durante el cortejo. ¡Por la noche llenan los bosques y selvas de fugaces luces amarillas y verdes!

¡PRODUCEN LUZ AZUL!

El **calamar luciérnaga** (*Watasenia scintillans*) es una especie que habita en las costas de Japón. Tiene unos órganos especiales por toda su piel llamados fotóforos con los que ¡puede iluminarse con luz azul!

¿Fotosíntesis

LES GUSTA LA LUZ DEL SOL en el agua?

En el medio marino encontramos ejemplos de animales que pueden hacer la fotosíntesis, del mismo modo que ocurre con las plantas. Esto les permite obtener alimento sin necesidad de comer otros organismos.

◀ UNAS EXTRAÑAS MEDUSAS

Las **medusas doradas** (*Mastigias papua*) deben su color a que dentro de ellas viven microalgas. Para alimentarse, ¡lo único que deben hacer es recorrer la superficie del agua siguiendo los rayos del sol! Aunque tienen tentáculos, algunas poblaciones han perdido su capacidad venenosa porque ya no la necesitan.

▶ NO PUEDEN VIVIR SIN ELLAS

Los **corales** ¡viven en simbiosis con microalgas que les proporcionan gran parte de su alimento! Cuando estas colonias de animales se estresan o enferman, pierden a las microalgas, se vuelven de color blanco y mueren.

◀ VESTIDAS DE VERDE

La **babosa hoja adornada** (*Elysia ornata*) es una babosa marina que habita en el océano Pacífico y en el mar Caribe. Se alimenta de algas para conseguir cloroplastos que luego ¡puede utilizar para hacer la fotosíntesis cuando escasea la comida! Por eso tiene ese aspecto verde brillante.

▼ COMO UNA OVEJA VERDE

La **oveja hoja** *(Costasiella kuroshimae)* vive en las costas de algunas islas del océano Pacífico. Es un animal que pertenece al grupo de las babosas marinas. ¡Su aspecto verde se debe a los cloroplastos que obtiene al comer algas!

En 2016 se descubrió la perla más grande del mundo. ¡Pesaba 34 kg! Había sido creada por una almeja gigante.

▲ LA MÁS GRANDE

Las **almejas gigantes** *(Tridacna gigas)* son las almejas más grandes del mundo. ¡Pueden medir más de 1 m de longitud y pesar 300 kg! Como otras especies de almejas, filtran el agua para comer, pero también cuentan con microalgas que realizan la fotosíntesis y le aportan alimento.

SABÍAS QUE...

Las plantas se alimentan tomando nutrientes del ambiente y agua a través de sus raíces, además del aire con sus hojas. Mediante un proceso conocido como fotosíntesis, son capaces de usar la luz del sol para producir su propio alimento. Esta función es realizada por unas estructuras conocidas como cloroplastos, que también están presentes en las algas.

Lenguajes que sorprenden

¡SON MUY CHARLATANES!

La comunicación es una acción muy importante que los animales utilizan para entenderse entre ellos. Además de usar colores y olores, producen distintos sonidos. ¡Incluso cantan y bailan!

▶ MUY LISTO

El **loro gris africano** o **yaco** (*Psittacus erithacus*) es un ave famosa por ser muy inteligente. ¡Puede memorizar y repetir palabras humanas! Tras estudiar durante años, el loro Alex fue capaz de aprender más de 100 palabras para describir objetos, formas, materiales y colores.

▼ ¡TIENEN NOMBRES!

Los **delfines** son conocidos por emitir una gran variedad de sonidos que van desde silbidos hasta clics. Cuando son pequeños, los **delfines mulares** (*Tursiops truncatus*) aprenden a emitir un silbido propio que les sirve para ser reconocido por el resto de la bancada. ¡Es como si tuvieran un nombre propio! El resto de individuos pueden memorizar el sonido y usarlo para llamarse.

En el agua el sonido se transmite más rápido que en el aire. Por eso algunos animales marinos prefieren «hablar» antes que usar otra forma de comunicación.

La mayoría de los insectos se comunican usando olores, pero también existen especies capaces de producir sonidos para hablar entre ellos. ¡Esto es lo que hacen los grillos cuando cantan!

SABÍAS QUE...

Los machos de ballenas jorobadas o yubarta (*Megaptera novaeangliae*) cantan durante la época de reproducción. Las canciones de estos cetáceos son consideradas una de las formas de comunicación más compleja del reino animal. ¡Cada canción puede durar hasta 30 minutos y luego vuelven a repetirla!

▲ UNA CURIOSA COREOGRAFÍA

Cuando una **abeja** encuentra una fuente de alimento, regresa a la colmena para avisar al resto de sus hermanas. Entonces realiza un baile trazando círculos y agitando el cuerpo ¡para explicarles la distancia y la dirección a la que se encuentra la comida!

▼ CON UN RICO LENGUAJE

Los **chimpancés** (*Pan troglodytes*) viven en comunidades de 20 a incluso 150 individuos, aunque prefieren viajar por la selva en pequeños grupos. Hablan entre ellos usando expresiones faciales, posturas y sonidos, que les sirven para comunicar diferentes emociones y situaciones.

Algunos simios, como chimpancés, gorilas y orangutanes, han aprendido a usar la lengua de signos para comunicarse con los humanos. ¡Qué listos son!

Los papagayos o loros grises son los mejores imitadores que existen: no solo imitan palabras y frases, sino que también aprenden a cantar trozos de canciones y pueden imitar otros sonidos, como el maullido de los gatos o el sonido de pisadas.

Supervenenos
PARA CAZAR O DEFENDERSE
terrestres

Los animales que tienen venenos o toxinas pueden usarlos para matar a sus presas o defenderse de otros depredadores.

▼ LA MÁS VENENOSA

La **araña de Sidney** (*Atrax robustus*) vive al este de Australia. Construye su casa bajo rocas o troncos usando una telaraña que teje en forma de embudo. Allí esperará pacientemente a que pase una presa para sorprenderla. ¡Es la araña más venenosa del mundo!

▲ INSECTOS VENENOSOS

Las **avispas,** para defenderse de cualquier amenaza, cuentan con un aguijón venenoso, pero solo lo usan si se sienten en peligro.

▶ UNA MORDEDURA PELIGROSA

La **serpiente cascabel diamantina del oeste** (*Crotalus atrox*) vive en desiertos y praderas del sur de Estados Unidos y México. Cuando muerde a sus presas les inyecta veneno para matarlas gracias a sus ¡colmillos especializados!

▶ ENTRE LAS MÁS PELIGROSAS

La **taipán del interior** (*Oxyuranus microlepidotus*) es ¡una de las serpientes más venenosas del mundo! Vive en el centro de Australia. ¡Un mordisco suyo puede contener suficiente veneno para matar a 125 personas adultas!

◀ CON UNA COLA VENENOSA

Los **escorpiones** son famosos por tener al final de sus colas un aguijón con veneno que usan para cazar o defenderse. El **escorpión amarillo palestino** (*Leiurus quinquestriatus*) es una de las especies más peligrosas que existen.

A pesar de su veneno, las serpientes de cascabel son cazadas por otros animales como zorros o aves rapaces.

SABÍAS QUE...

Los animales venenosos tienen distintos sistemas para avisar antes de atacar y siempre que puedan preferirán huir. Las serpientes de cascabel producen con su cola un sonido característico.

Supervenenos acuáticos

Los animales marinos también usan el veneno para defenderse o cazar presas. Así nadie se atreve a atacarles.

▶ HÁBITOS ACUÁTICOS

La **serpiente marina amarilla** (*Hydrophis platurus*) vive en las aguas de los océanos Índico y Pacífico. Gracias a sus superpoderes es capaz de habitar en el mar en todo momento. Para capturar a sus presas cuenta ¡con un potente veneno que les inyecta al morder!

A algunas serpientes de mar también se las conoce con el nombre de krait.

◀ PRECIOSAS, PERO TÓXICAS

La **anémona magnífica** (*Heteractis magnifica*) puede ¡alimentarse de dos maneras diferentes! Dentro de ella viven unas microalgas que hacen la fotosíntesis y le aportan comida. Pero con sus tentáculos también captura pequeñas presas.

SABÍAS QUE...

Las anémonas de mar pertenecen al mismo grupo que las medusas. Sus tentáculos tienen unas células venenosas especiales llamadas nematocistos, que les sirven para defenderse o capturar alimento. Algunos animales, como los peces payaso, las usan como refugio, pero también existen cangrejos que las transportan para que sean su escudo.

UN CARACOL MUY VENENOSO

El **caracol cono geográfico** *(Conus geographus)* vive en los arrecifes de coral de los océanos Pacífico e Índico. Caza pequeños peces usando una especie de arpón que les inyecta un veneno paralizante.

SERPIENTES DE MAR

La **serpiente marina de labios amarillos** *(Laticauda colobrina)* necesita regresar a tierra para descansar después de comer. ¡Tiene un potente veneno que usa para cazar anguilas y pequeños peces! Encuentra a sus presas buceando en los arrecifes e inspeccionando entre las rocas.

Pinchos y púas terrestres

¡CUIDADO, QUE PINCHAN!

Para evitar ser comidos, algunos animales se han adaptado desarrollando pinchos o púas. Así los depredadores se lo pensarán dos veces antes de atacarles.

▼ DRAGONES CON PINCHOS

El **lagarto armadillo** (*Ouroborus cataphractus*) parece un pequeño dragón. Se alimenta de pequeños animales del suelo. Si se siente amenazado, agarra su cola con la boca para volverse como una ¡rueda llena de pinchos!

En la mayoría de los mamíferos, las púas son pelos modificados hechos de queratina.

▼ VIVEN EN FAMILIA

Los **ratones espinosos egipcios** (*Acomys cahirinus*) viven en pequeños grupos donde todos los individuos son familia. Para defenderse de los depredadores, cuentan con espinas a lo largo de su lomo que pueden erizar en situaciones de peligro.

PÚAS ENORMES

Las púas del **puercoespín crestado** (*Hystrix cristata*) pueden medir ¡hasta 35 cm de largo! Si un depredador se atreve a atacarle, se pone de espaldas erizando todas las espinas, que agita haciendo un ruido característico.

SABÍAS QUE...

Los equidnas parecen erizos, pero en realidad son unos animales emparentados con los ornitorrincos. Pertenecen al grupo de los monotremas, un tipo de mamíferos que ¡ponen huevos! Cuando se sienten en peligro, se enroscan mostrando sus púas.

MILES DE PÚAS

Los **erizos** están recubiertos por miles de púas para defenderse de depredadores como las serpientes. ¡Tienen entre 5 000 y 7 000 púas! Gracias a este sistema de seguridad pueden salir a buscar alimento por la noche.

BIEN DEFENDIDO

El **saltamontes blindado** (*Acanthoplus discoidalis*) cuenta con un exoesqueleto repleto de espinas afiladas para defenderse. Cuando es molestado, ¡también secreta una sustancia de olor y sabor desagradable!

Pinchos y espinas marinos

En el mar también existen muchos tipos de depredadores. Para defenderse de ellos, los peces, erizos de mar o incluso las estrellas de mar han desarrollado pinchos y espinas afiladas.

◀ ESTRELLAS BIEN PROTEGIDAS

La **corona de espinas** (*Acanthaster planci*) es una estrella de mar recubierta con cientos de espinas. ¡Pueden medir hasta 70 cm de diámetro! Sus pinchazos son muy dolorosos debido a que tiene sustancias tóxicas en su piel.

◀ ESPINAS AFILADAS

El **pez cirujano amarillo** (*Zebrasoma flavescens*) tiene dos espinas especiales en su cola que usa para defenderse de los depredadores. Están tan afiladas que ¡cortan como el bisturí de un cirujano!

Algunos camarones y larvas de peces se esconden entre las espinas de los erizos de mar para evitar a los depredadores. El cangrejo transportista *(Dorippe frascone)* es famoso por llevar a su espalda ¡un erizo de mar para su defensa personal!

▲ BOLAS CON PINCHOS

Los **erizos de mar** pertenecen al grupo de los equinodermos, el mismo que las estrellas de mar. Viven en el fondo marino y están protegidos por una cubierta de espinas afiladas. ¡Algunas especies son venenosas!

▶ UN PLAN B

El **pez escorpión** *(Trachinus draco)* pasa su vida en el fondo marino, oculto gracias al camuflaje que le hace parecer una roca. Pero si un depredador le descubre, podrá defenderse gracias a ¡sus espinas venenosas!

▲ MÚLTIPLES DEFENSAS

El **pez globo espinoso** *(Diodon holocanthus)* se hincha para aumentar su tamaño y erizar las espinas que recubren su cuerpo. Además de pinchar a sus depredadores, ¡los puede intoxicar con un peligroso veneno!

Los peces león «Pterois antennata» están protegidos con espinas venenosas; así pueden cazar sin miedo a que les ataque otro depredador. Sus picaduras son muy dolorosas debido a que tienen sustancias tóxicas en su piel.

Cuernos y colmillos poderosos

Los herbívoros que viven en las sabanas africanas también cuentan con defensas para luchar contra los depredadores. Algunos son tan grandes que ningún carnívoro se atreve con ellos.

▲ EL MÁS GRANDE

El **eland gigante** (*Taurotragus derbianus*) es la especie de antílope más grande del mundo, con más de 2 m de longitud. Para defenderse de los depredadores puede correr hasta 70 km/h o usar sus cuernos en forma de V que crecen en espiral.

◀ UNOS GRANDES COLMILLOS

El **facocero o jabalí verrugoso** (*Phacochoerus africanus*) cuenta con cuatro grandes colmillos que sobresalen de su boca. ¡Los más grandes pueden medir más de 20 cm de largo! Los usan como defensa o para luchar entre ellos.

El rinoceronte blanco ¡crece hasta los 4 m de largo y pesa más de 2 toneladas!

SABÍAS QUE...

Los hipopótamos (*Hippopotamus amphibius*) están considerados como uno de los animales africanos más peligrosos. ¡Incluso pueden atacar a cocodrilos! Tienen una mordedura poderosa gracias a unos colmillos que alcanzan más de 20 cm de longitud.

▼ UNA MANADA MUY UNIDA

El **búfalo cafre** (*Syncerus caffer*) es un herbívoro que solo se atreven a cazar animales como los leones o los cocodrilos. Además de sus cuernos y gran tamaño, su manada es una buena defensa, ya que sus miembros ¡acudirán a ayudar cuando alguno sea atacado por un depredador!

▶ LARGO CUERNO

El **rinoceronte blanco** (*Ceratotherium simum*) cuenta para defenderse con unos grandes cuernos que pueden medir más de 60 cm de largo.

Con las astas puestas

Las astas son un tipo de cuerno que tienen algunos animales como los ciervos. ¡Se mudan todos los años! y les volverán a crecer en época de reproducción.

▶ EL MÁS PEQUEÑO

El **pudú** (Pudu puda) es el ciervo más pequeño del mundo. Pero los machos de esta especie también tienen unas pequeñas astas de unos 7 cm de longitud que sobresalen entre sus orejas.

◀ UNAS ASTAS SINGULARES

El **gamo** (Dama dama) puede reconocerse por sus características astas anchas y con forma de pala. Solo los machos tienen estas estructuras que usan para luchar por el derecho a aparearse, pero también para defenderse. Durante la época de reproducción, ¡ellos dejan de comer para defender su territorio!

▶ PREMIO AL MÁS GRANDE

El ciervo más grande del mundo es el **alce** (Alces alces). Los machos tienen unas cornamentas que pueden medir ¡más de 3 m de un extremo a otro! Usan sus enormes astas para impresionar a las hembras y alejar a cualquier rival que se acerque a su territorio.

▼ ASTAS AFILADAS

Los machos del **ciervo rojo** (*Cervus elaphus*) tienen astas ramificadas y afiladas que usan para luchar entre ellos o defenderse. En los individuos más grandes, las cornamentas llegan a medir más de 1 m de longitud y pesar ¡hasta 5 kg!

El asta del ciervo rojo puede crecer a una velocidad de 2,5 cm al día.

SABÍAS QUE...

Mientras la cornamenta de los ciervos está creciendo, se encuentra recubierta con una piel conocida como terciopelo que se encarga de nutrir el hueso durante su formación. El terciopelo se caerá cuando el asta esté completa.

▶ SON EXCEPCIONALES

Las astas del **reno** o **caribú** (*Rangifer tarandus*) pueden ¡medir 1,35 m de longitud! Es la única especie de ciervo donde las astas están presentes tanto en machos como en hembras.

▶ ¿QUÉ DIFERENCIA HAY ENTRE CUERNOS Y ASTAS?

Los cuernos son dos estructuras óseas que salen de los huesos frontales del cráneo, son permanentes (no se caen nunca) y no están ramificados: por ejemplo, los cuernos de los toros. Las astas en cambio son estacionales (cambian cada año) y están ramificadas.

Supervisión terrestre

La visión es un sentido muy importante para sobrevivir en la naturaleza. Gracias a ella, los animales pueden detectar a los depredadores o encontrar a sus compañeros.

▶ ADAPTADOS A LA NOCHE

La gran mayoría de **búhos** (Strigidae) cazan por la noche. A pesar de ello, su visión no es tan perfecta. En realidad, estas aves atrapan a sus presas gracias a que tienen un oído muy sensible y a que ¡vuelan sin hacer ruido!

▲ OJOS ESPECIALES

Los ojos del **camaleón** (Chamaeleonidae) le ayudan a tener una vista panorámica mientras está buscando a sus presas. Puede mover cada ojo de forma independiente, consiguiendo así una visión de casi 350°. ¡Tan solo tiene un punto ciego detrás de la cabeza!

Los búhos pueden girar su cabeza hasta 270° en cualquier dirección. ¡Así están atentos a todo lo que les rodea!

SABÍAS QUE...

Los ojos de los artrópodos, como los insectos, arácnidos y crustáceos, en realidad están formados por miles de estructuras llamadas ommatidios. Por eso se dice que estos animales tienen ojos compuestos. ¡Gracias a ellos tienen un gran ángulo de visión!

Algunas especies de libélulas pueden tener ¡más de 20 000 ommatidios!

▶ TOCAR CON LA NARIZ

El **topo de nariz estrellada** (*Condylura cristata*) vive bajo tierra, por lo que ha perdido su visión. Se alimenta de animales como las lombrices, que encuentra gracias a unas estructuras parecidas a unos tentáculos situados en su nariz.

▲ VIGILAN DESDE LAS ALTURAS

El **halcón peregrino** (*Falco peregrinus*), al igual que otras aves rapaces, caza mientras vuela o está posado en sitios altos. Sus ojos se han adaptado para detectar a sus presas en las alturas, ¡aunque estén bien camufladas!

▶ PRIMATES NOCTURNOS

Los **tarseros fantasma** (*Tarsius tarsier*) son unos pequeños primates que salen a cazar insectos durante la noche. ¡Tienen unos enormes ojos para ver en la oscuridad y también un buen oído!

Visión bajo el agua

Los animales acuáticos han adaptado sus ojos para vivir en los distintos ambientes que existen en el mar, desde la superficie hasta las profundidades.

Las larvas de los peces telescopio no se parecen en nada a como serán de adultos.

◄ PARA VER EN LA OSCURIDAD

Los **peces telescopio** (*Gigantura*) viven a grandes profundidades oceánicas, donde no llega la luz del sol. ¡Por eso tienen unos ojos enormes! Gracias a ellos pueden ver mejor en la oscuridad y detectar las presas que producen bioluminiscencia.

Otros animales con tercer párpado son las aves, los anfibios e ¡incluso los gatos!

► CON UN PÁRPADO ESPECIAL

Algunos animales tienen un tercer párpado conocido como membrana nictitante, que les sirve para proteger y humedecer los ojos. Cuando un **tiburón** muerde a una presa, ¡tapa sus ojos con estas estructuras para que no le hagan daño!

UN PEZ MUY EXTRAÑO

Sí, el **pez de cabeza transparente** (*Macropinna microstoma*) ¡tiene la cabeza transparente! Sus ojos están dentro del cráneo y gracias a su extraña característica es capaz de tener una gran visión periférica. Esto le permite nadar en zonas profundas mientras vigila quién nada por arriba.

SABÍAS QUE...

Los peces de cuatro ojos (*Anableps anableps*) en realidad tienen dos ojos que están divididos en dos partes. La mitad superior la usan para buscar insectos fuera del agua, mientras que la inferior les sirve para vigilar si hay depredadores por debajo.

LOS OJOS MÁS GRANDES

Los **calamares gigantes** (*Architeuthis dux*) son unos enormes moluscos que pueden medir hasta 12 m de longitud. Viven a grandes profundidades oceánicas. Esta especie es el animal con los ojos más grandes del mundo: ¡tienen un diámetro de 25 cm! Aunque los ojos del **calamar colosal** (*Mesonychoteuthis hamiltoni*) podrían ser mayores.

Lenguas muy especiales

En el reino animal las lenguas no solo sirven para saborear la comida. Algunas especies las usan para rastrear olores, cazar pequeñas presas o beber néctar de flores.

En algunas especies de colibríes su lengua es tan larga que deben enrollarla detrás del cráneo.

◀ LARGAS LENGUAS PARA BEBER

Los **colibríes** (*Trochilidae*) son unas pequeñas aves que se alimentan del néctar de las flores. Consiguen llegar hasta su alimento gracias a unas largas lenguas con las que ¡beben de la flor mientras vuelan! Esas lenguas también son bífidas y tubulares para poder atrapar mejor el dulce líquido.

▶ UN LAGARTO ENORME

El **dragón de Komodo** (*Varanus komodoensis*) es un reptil que se alimenta de carroña o incluso puede cazar grandes presas. Mientras camina, mueve la cabeza de un lado a otro y ¡usa su lengua bífida para detectar la presencia de la comida!

▼ UN CEPILLO INTEGRADO

Los **loris perezosos** (*Nycticebus*) son unos pequeños primates que podemos encontrar en el sudeste de Asia. Debajo de la lengua tienen una sublingua que ¡usan para limpiarse los dientes! después de acicalarse o comer.

▼ LENGUAS MUY ÚTILES

Gracias a sus lenguas bífidas, las **serpientes** pueden buscar pareja o rastrear presas. Con la lengua recogen moléculas del suelo o del aire, que luego analizan con el órgano vomeronasal situado en el paladar.

Tanto las serpientes como algunos lagartos usan el órgano vomeronasal para rastrear.

Cuando una serpiente agita la lengua, está moviendo el aire para detectar más moléculas.

SABÍAS QUE...

Algunas especies de murciélagos se alimentan del néctar que producen las flores. La especie *Anoura fistulata* mide unos 6 cm de longitud, pero su lengua es más larga. ¡Puede llegar hasta los 8,5 cm!

◄ LENGUAS MUY LARGAS

La lengua del **oso hormiguero gigante** (*Myrmecophaga tridactyla*) puede medir hasta 60 cm de largo; además, está cubierta de miles de pequeños ganchos y una pegajosa saliva. Gracias a esta adaptación puede alimentarse de hormigas y termitas que atrapa en sus hormigueros o termiteros.

Dientes muuuy afilados

Los animales carnívoros acuáticos cuentan con dientes afilados que les ayudan a cazar presas y comer carne.

▶ CON GRANDES DIENTES

La **barracuda** o **espetón** (*Sphyraena barracuda)* es una especie que vive en las aguas del océano Atlántico y en el mar Caribe. Es famosa por tener ¡dientes grandes y afilados parecidos a colmillos! que usa para atrapar presas como peces más pequeños, calamares y crustáceos.

La piraña negra «Serrasalmus rhombeus» tiene una de las mordeduras más poderosas del reino animal, incluso más que la del tiburón.

◀ CON MUY MALA FAMA

La **piraña de vientre rojo** (*Pygocentrus nattereri)* vive en los ríos de la cuenca del Amazonas. ¡Sus dientes son de forma triangular, puntiagudos y afilados! Aunque tiene fama de ser un animal terrible, en realidad es una especie carroñera que puede alimentarse de pequeños animales como otros peces, crustáceos o insectos.

ARMADO CON UNA FILA DE DIENTES

El **tiburón blanco** (*Carcharodon carcharias*) es el tiburón carnívoro más grande del mundo. ¡Puede crecer hasta 6 m de longitud y pesar 2 toneladas! Su boca está repleta de dientes triangulares y aserrados dispuestos en filas. De esta forma, si se le cae un diente de la parte delantera es sustituido por el de la siguiente fila.

Al morder, el tiburón blanco mueve la cabeza de un lado a otro. Así consigue que sus dientes aserrados corten la carne de la presa.

SABÍAS QUE...

Tanto las morsas macho como las hembras presentan unos enormes colmillos que ¡pueden medir 1 m de longitud y pesar 5 kg! Utilizan estos dientes para luchar entre ellos o abrir agujeros en el hielo y así zambullirse en el agua donde están sus peces favoritos.

UNA GRAN BOCA

La **foca leopardo** (*Hydrurga leptonyx*) tiene una enorme boca con dientes afilados adaptados para cazar presas como los pingüinos. Pero también cuenta con unos molares especiales que le ayudan a filtrar el krill en los mares de la Antártida.

Super**filtros**
de agua

Existen animales que comen filtrando el agua para capturar los pequeños organismos del plancton. ¡Algunos de ellos son enormes!

▶ UN PEZ INCREÍBLE

Cuando la **mantarraya** (*Manta birostris*) nada ¡parece que está volando! Es un pez pariente de los tiburones y se alimenta filtrando pequeños crustáceos que forman parte del plancton. Esta especie puede medir hasta 7 m de ancho y pesar 3 toneladas.

▲ UN PICO ÚNICO

Los **flamencos** se alimentan de pequeños organismos gracias a su pico perfectamente adaptado. Dentro de su boca tienen unas pequeñas láminas para filtrar la comida y una lengua grande para expulsar el agua que les sobra. Cuando comen ¡ponen la cabeza boca abajo!

▶ EL ANIMAL MÁS GRANDE

La **ballena azul** (*Balaenoptera musculus*) es el animal más grande del planeta Tierra. Los ejemplares mayores pueden crecer hasta los 30 m de longitud y pesar más de 100 toneladas. Su alimento favorito es el krill que captura con su enorme boca y luego filtra usando unas estructuras especiales llamadas *barbas*.

SABÍAS QUE...

El magnífico vestido de los flamencos se debe a su dieta. Estas aves se alimentan de algas microscópicas y pequeños crustáceos que en su interior tienen unas moléculas de colores rojos, amarillos y naranjas. ¡Los flamencos usan esas mismas sustancias para colorear sus plumas con tonos rosas!

▼ NO TAN LENTOS

El **tiburón peregrino** (*Cetorhinus maximus*) es un gran pez filtrador que llega a pesar 4 toneladas y crece más de 8 m de longitud. Aunque parecen unos animales lentos, ¡son capaces de nadar muy rápido y saltar fuera del agua!

La mantarraya tiene una amplia cabeza, con los ojos a cada lado y una boca larga en la parta delantera.

▶ EL PEZ MÁS GRANDE

El **tiburón ballena** (*Rhincodon typus*) es el pez más grande que existe. ¡Puede medir hasta 12 m de longitud y pesar 9 toneladas! Se alimenta de pequeños microorganismos que filtra tomando grandes bocanadas de agua gracias a su enorme boca.

¡Cuidado, soy venenoso!

Muchas especies tienen toxinas que usan para defenderse. Para advertir a los depredadores de que son peligrosas se visten con colores llamativos.

◀ MÚLTIPLES COLORES

Los **dendrobátidos** son ranas que se caracterizan por tener colores brillantes. ¡Pueden ser amarillas, rojas, verdes o azules!

▼ PEQUEÑAS, PERO PELIGROSAS

El **sapito minero** (*Dendrobates leucomelas*) mide unos 30 mm de longitud. Pero puede defenderse gracias a una potente toxina que cubre su piel. Como advertencia, usa el color amarillo y negro.

▼ ¿REALES O FALSAS?

Las **serpientes coral** pueden diferenciarse por sus colores rojos, amarillos y negros, que usan para anunciar que son capaces de inyectar veneno al morder. Algunas especies de serpientes que no son peligrosas han copiado también su traje para evitar a los depredadores. ¡Por eso se llaman falsas corales!

CON UN AGUIJÓN VENENOSO

El **avispón europeo** *(Vespa crabro)* es un insecto social que construye nidos. Su cuerpo es de color rojizo y amarillo para avisar de que tiene ¡un aguijón venenoso! Pero solo atacará si siente que su casa está amenazada.

▶ UN BOCADO DESAGRADABLE

Las orugas de la **mariposa macaón** *(Papilio machaon)* ¡tienen un olor y sabor desagradable debido a sus toxinas! Para avisar a los depredadores, se viste con rayas negras y lunares naranjas.

SABÍAS QUE...

Al igual que otras especies de dendrobátidos, el sapito minero obtiene sus toxinas al alimentarse de pequeños artrópodos que tienen las moléculas necesarias para crearlas.

▼ RANAS DARDO

Algunas especies de dendrobátidos son conocidas como **ranas dardo**. Esto se debe a que son usadas por los nativos americanos para envenenar la punta de sus flechas.

Supercolor de advertencia

En el medio marino también hay especies venenosas para evitar que se las coman. Al igual que ocurre en tierra, usan colores llamativos para advertir a los depredadores.

Gracias a sus espinas, el pez león puede cazar sin temor a que le ataque otro depredador.

▲ PROTEGIDOS ENTRE TENTÁCULOS

Los **peces payaso** no son peligrosos, pero su color naranja brillante es una advertencia de que viven ¡junto a una anémona venenosa! Las rayas blancas les sirven para ocultarse entre sus tentáculos.

◀ PEQUEÑO PERO MORTAL

El **pulpo de anillos azules** (*Hapalochlaena lunulata*) es un pequeño animal que no supera los 10 cm de tamaño y 80 g de peso. Para defenderse posee un potente veneno que puede ser mortal para los humanos. ¡Los anillos azules advierten del peligro!

Cuando caza, el pez león usa sus aletas en forma de abanico para acorralar a sus presas.

El uso de colores de advertencia, tanto por animales terrestres como marinos, es una adaptación conocida como aposematismo. Esta estrategia puede servir para anunciar la presencia de veneno, mal sabor o espinas afiladas.

▼ BABOSAS MULTICOLORES

Los **nudibranquios** son un grupo de moluscos comúnmente conocidos como babosas marinas. Algunas especies son tóxicas y por eso visten con colores brillantes como amarillos, naranjas, rojos, azules y morados. También pueden usar el negro y el blanco. ¡Son bonitas, pero mejor no molestarlas!

▲ CON UN TRAJE A RAYAS

El **pez león** *(Pterois antennata)* vive en arrecifes de coral de los océanos Índico y Pacífico. Viste con rayas rojizas y blancas para advertir que está defendido por espinas dorsales venenosas.

Supercolores
de cortejo

El cortejo es una función muy importante entre los animales para poder encontrar pareja y tener crías. Algunos machos usan colores llamativos y brillantes para llamar la atención de las hembras.

▼ AVE MULTICOLOR

El **ave del paraíso de Wilson** (*Cicinnurus respublica*) vive en Indonesia. Los machos de esta especie ¡visten con tonos azules, rojos, amarillos y negros! Pero las hembras son de colores marrones y tienen una corona azul.

◄ VISTEN DE NEGRO Y ROJO

La **fragata real** (*Fregata magnificens*) es una gran ave que puede medir más de 2 m de envergadura. Los machos de esta especie tienen una bolsa en el cuello de color rojo intenso que hinchan para cortejar a las hembras.

► ARÁCNIDOS BRILLANTES

Los machos de **araña pavo real** (*Maratus volans*) tienen el cuerpo decorado con colores rojos, naranjas, azules y negros brillantes. Usan este increíble vestido para impresionar a las hembras mientras bailan.

Las arañas pavo real son muy pequeñas. ¡No miden más de 5 mm de longitud!

SABÍAS QUE...

Los machos y las hembras de muchas especies de animales presentan un aspecto diferente. Estos rasgos les ayudan a diferenciar entre sexos durante la época de reproducción.

◄ UNA COLA IMPRESIONANTE

Los machos de **pavo real** (*Pavo cristatus*) son famosos por sus largas colas con plumas de color verde y azul brillante. Para atraer a las hembras despliegan las plumas en forma de abanico y las agitan.

Patas muuuuy singulares

Algunos animales pueden trepar y andar por paredes, techos e incluso cristales gracias a unas estructuras especiales en sus patas.

◀ SECRETO ARÁCNIDO

Los pequeños pelos usados por los artrópodos y otros animales son conocidos como setas.

Aunque las **tarántulas** son animales grandes, muchas de ellas son capaces de trepar por superficies verticales. ¿Cuál es su secreto? Estas arañas secretan por sus patas seda microscópica que les ayuda a aferrarse.

▼ DEDOS PEGAJOSOS

Las patas de la **ranas arborícolas** ¡funcionan como unas pegatinas! Tienen unos dedos especiales para trepar con facilidad por troncos y ramas. Cuenta con unas almohadillas que se adaptan al terreno y que además secretan un líquido pegajoso para no resbalarse y caer desde las alturas.

En cada uno de sus dedos, los geckos tienen hasta cinco millones de setas.

▼ A NIVEL ATÓMICO

Los **geckos** son reptiles que pueden trepar por todos los materiales, ¡desde paredes hasta cristales! Su secreto se encuentra en unas extrañas patas recubiertas de millones de setas tan pequeñas que interactúan con los átomos de la superficie.

▲ ¿CÓMO TREPAN LOS INSECTOS?

Los insectos, como las **moscas,** pueden trepar por las ventanas y otras superficies gracias a que en sus patas tienen unas almohadillas especiales con pequeños pelos. Estas estructuras les ayudan a agarrarse.

SABÍAS QUE...

Antes de dar un paso, los geckos levantan sus dedos para despegarlos de la superficie. Su estrategia es tan eficaz que si no lo hiciesen no podrían andar.

▶ PÓSUM PIGMEO ACRÓBATA

Este pequeño mamífero (*Acrobates pygmaeus*), apenas mide 8 cm y pesa 12 g, pero es capaz de subir por los árboles sin caerse gracias a sus patas adaptadas que secretan un sudor pegajoso.

Moverse sin patas

Muchas especies acuáticas tienen un estilo de vida sésil o inmóvil, así que para alimentarse deben filtrar el agua que les rodea. También existen animales terrestres sin patas, pero muy ágiles.

▶ PATAS, ¿PARA QUÉ?

La **lombriz de tierra** (*Lumbricus terrestris*) se desplaza reptando, estirándose y encogiéndose. Las ondas en el cuerpo de la lombriz se desplazan hacia atrás, permitiendo que ella se desplace hacia adelante. A primera vista no se sabe bien si avanza o retrocede, porque su cuerpo parece todo igual, pero al observarla detenidamente, podrás darte cuenta de que al moverse lleva siempre el mismo extremo del cuerpo hacia delante. Ese extremo es el correspondiente a la parte anterior de la boca.

▼ ÁGILES Y RÁPIDAS

Las **serpientes** pueden ser muy ágiles y rápidas, aunque sean reptiles sin patas. Están perfectamente adaptadas para reptar, nadar, subir a los árboles e incluso para ¡moverse por las dunas de un desierto!

◀ VIVEN EN COLONIAS

La especie *Diploria labyrinthiformis* crece de forma esférica y ¡tiene el aspecto de un cerebro! Al igual que otros corales, están formados por cientos de pequeños animales que viven en colonias. Se alimentan usando sus pequeños tentáculos.

¿SERPIENTE O LAGARTO?

El **lagarto sin patas de Burton** *(Lialis burtonis)* vive en Australia. ¡Parece una serpiente, pero en realidad es un lagarto! Se alimenta de pequeños reptiles que captura gracias a su hocico alargado lleno de dientes puntiagudos.

El esqueleto de las serpientes, consiste en una larga sucesión de vértebras. ¡Algunas especies tienen más de 400 vértebras!

SABÍAS QUE...

A pesar de su extraño aspecto, ¡las esponjas marinas también son animales! Tienen distintas formas, parecen desde un balón de fútbol a tubos. No pueden moverse: por tanto deben alimentarse filtrando pequeños organismos y partículas que flotan en el agua.

MÁS QUE UNA CONCHA

Caracoles y **babosas** se mueven propagando por su cuerpo una serie de ondas musculares que avanzan de la cola a la cabeza. La baba que dejan al moverse sobre el suelo es un fluido viscoso que el caracol libera de su cuerpo para mantener su humedad y para ayudarle a desplazarse.

Super**pinzas**
poderosas

Los crustáceos cuentan con un duro caparazón para protegerse de los depredadores. Algunos de ellos tienen pinzas que les sirven tanto para comer como para defenderse.

◀ ¡PESAN MUCHO!

La **langosta americana** o **bogavante del norte** (*Homarus americanus*) habita en la costa este de Norteamérica. ¡Puede medir hasta 60 cm de longitud y pesar más de 10 kg! Usa sus enormes pinzas para alimentarse de moluscos, estrellas de mar y otros invertebrados.

Las langostas pueden ser de colores marrones, amarillos, rojizos o incluso azules.

▼ CANGREJOS TERRESTRES

El **cangrejo de los cocoteros** (*Birgus latro*) es un enorme crustáceo terrestre que vive en islas de los océanos Índico y Pacífico. Puede medir 1 m de longitud y pesar 4 kg. ¡Gracias a sus poderosas pinzas es capaz de perforar los cocos para comérselos!

▲ UNA PINZA ENORME

Los machos de **cangrejo violinista** son famosos por tener una pinza pequeña y ¡otra enorme! Las hembras, en cambio, tienen las dos pequeñas.

▲ EL MÁS GRANDE

El **cangrejo gigante japonés** *(Macrocheira kaempferi)* es el artrópodo más grande del mundo. ¡Sus pinzas crecen hasta 3,7 m de longitud! Su caparazón imita la textura de las rocas para camuflarse, pero también puede cubrirse con esponjas marinas y otros objetos.

▲ UNAS EXTRAÑAS PINZAS

El **camarón mantis** *(Gonodactylus smithii)* es una especie que vive en los arrecifes de coral de Australia. ¡Tiene unas garras especiales que recuerdan a las mantis! Gracias a ellas pueden golpear y atrapar a sus presas, además de servirles como defensa.

Durante el cortejo, los machos de cangrejo violinista mueven la pinza más grande de arriba a abajo, como si estuvieran bailando, para atraer a las hembras.

SABÍAS QUE...

Los crustáceos pertenecen al grupo de los artrópodos. En su mayoría viven en los mares y océanos, aunque podemos encontrarlos en zonas de aguas dulces e incluso en ambientes terrestres. En todo el planeta existen más de 67 000 especies de este tipo de animales.

Tentáculos muy venenosos

Las medusas son animales carnívoros que comen todo tipo de pequeñas presas. Son capaces de cazar gracias a sus tentáculos, que están armados con unas células venenosas especiales llamadas cnidocitos.

▶ COMEN OTRAS MEDUSAS

La **ortiga de mar** (*Chrysaora fuscescens*) vive al este del océano Pacífico. ¡Tiene 24 tentáculos que pueden medir más de 4 m de longitud! Los utiliza para capturar pequeñas presas como peces, moluscos, crustáceos e incluso otras medusas. Su picadura es irritante, pero no peligrosa para los humanos.

Las medusas usan su cuerpo en forma de paraguas para impulsarse y nadar. Aunque la mayoría de las veces prefieren flotar y dejarse llevar por la corriente.

▼ PARECE UNA MEDUSA

La **carabela portuguesa** (*Physalia physalis*) es una especie que habita en los océanos Atlántico, Índico y Pacífico. Aunque parece una medusa, ¡en realidad es un organismo colonial formado por pequeños animales!

Los organismos de la carabela portuguesa se conocen como zooides. ¡Se encargan de diferentes tareas y deben trabajar juntos para sobrevivir!

▶ ¡ES GIGANTESCA!

La **medusa melena de león gigante** (*Cyanea capillata*) vive en el océano Ártico y en la zona norte del Atlántico y Pacífico. Es la especie de medusa más grande del mundo. ¡Su cuerpo puede medir 2 m de diámetro y sus tentáculos llegan a crecer hasta los 30 m de longitud! Se alimenta de zooplancton, pequeños peces e invertebrados.

SABÍAS QUE...

Algunas especies marinas, como las aves o el pez luna, pueden alimentarse de medusas. Durante el verano, las tortugas laúd se desplazan hacia las costas del este de Canadá para comer medusas melena de león gigante. Otras especies de tortugas marinas pueden capturar avispas de mar gracias a que su piel gruesa y caparazón, que les protege de los cnidocitos.

◀ MUY PELIGROSA

La **avispa de mar** (*Chironex fleckeri*) caza extendiendo sus tentáculos hasta unos 3 m de largo para capturar presas. Habita en las aguas costeras del norte de Australia y otras regiones de Oceanía. ¡Es una de las especies más venenosas del mundo!

¿QUÉ HAS APRENDIDO?

Seguro que te has sorprendido con los superpoderes de los animales y has aprendido mucho sobre ellos... ¡Demuéstralo contestando a estas preguntas!

1. ¿Es verdad que los chimpancés son capaces de aprender la lengua de signos de los humanos?

2. ¿Cuál es la araña más venenosa del mundo?

3. ¿Cómo se comunican las abejas entre ellas?

4. ¿Para qué usan los pavos reales los colores de su cola?

5. ¿Qué superpoder utiliza el camaleón para pasar desapercibido?

6. ¿Qué sexto sentido tienen los delfines que comparten con los murciélagos?

RESPUESTAS: 1. Sí; 2. Araña de Sidney; 3. Bailando; 4. Para impresionar a las hembras; 5. Cambia el color de su piel; 6. La ecolocalización.